AF338450

LE
PRINCIPE ROYALISTE

ET

LES PRINCES D'ORLÉANS

PAR

LÉON PHILOUZE

Docteur en Droit.

RENNES

IMPRIMERIE DE CHARLES CATEL,

rue du Champ-Jacquet, 25.

—

1872

LE PRINCIPE ROYALISTE

ET LES PRINCES D'ORLÉANS.

LE
PRINCIPE ROYALISTE

ET

LES PRINCES D'ORLÉANS

PAR

LÉON PHILOUZE

Docteur en Droit.

RENNES

IMPRIMERIE DE CHARLES CATEL,

rue du Champ-Jacquet, 25.

1872

LE
PRINCIPE ROYALISTE

ET

LES PRINCES D'ORLÉANS

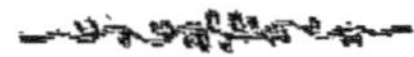

I

Le Principe royaliste.

Pie IX captif vient d'adresser aux catholiques de toutes les nations de l'Europe qui lui présentaient leurs hommages une grande parole qui peut sauver la France.

Avec l'autorité du Chef de l'Eglise, il commande à tous l'union dans la charité. On ne peut être véritablement chrétien sans la charité.

La charité est plus que l'amour; c'est une vertu parfaite qui unit, lorsque l'imperfection des affections naturelles divise. Nous aimons naturellement ceux qui nous aiment, ceux qui pensent comme nous; naturellement aussi nous repoussons avec aigreur, avec hostilité ceux dont les intérêts, les opinions, les erreurs, les fautes, contredisent nos intérêts, nos principes, nos jugements, notre conduite. Qu'ils sont rares, même parmi les plus vertueux, les hommes qui mettent au service de la vérité un esprit doux et indulgent, qui savent toujours conserver pour les personnes les égards, le respect, même lorsqu'ils remplissent le strict devoir d'affirmer la vérité sans défaillance!

Parmi tous les intérêts qui divisent les hommes, il n'y en a pas qui suscitent plus de rivalités inconciliables que les intérêts politiques. Dans ces luttes, il semble que tout adversaire, tout dissident soit un ennemi contre lequel il soit permis d'user de toutes les armes, sans ménagements et sans justice. Les divisions deviennent chaque jour plus profondes, le mépris fait des blessures qui ne se ferment plus, elles sont personnelles, elles atteignent le cœur. Les concitoyens sont armés les uns contre les autres, et l'intérêt suprême de la patrie est sacrifié, car tout royaume divisé doit périr.

Ainsi, les plus grandes nations ont eu dans l'antiquité une prompte et irréparable décadence. Le principe d'union dans la charité, qui subsiste toujours chez les nations chrétiennes, leur a donné une vitalité plus puissante. Aujourd'hui encore, c'est en nous rappelant à la pratique de cette vertu que le Souverain-Pontife peut nous rendre la force et la prospérité que nous avons perdues.

Le premier devoir des catholiques et des royalistes est de donner cet exemple. C'est ainsi que le comte de Chambord a prononcé cette royale parole : « Je ne suis point le Roi d'un parti, » et qu'il a fait appel à l'union de la Maison de France et de tous les Français.

Le nom d'un parti est toujours l'expression d'une division, d'une rivalité qui affaiblit la patrie. La justice et le droit sont le bien, le patrimoine commun de la nation. Il est remarquable que le comte de Chambord, dans sa correspondance politique, qui révèle des vues si hautes, une si ferme et si complète intelligence des conditions vitales de la société contemporaine, ne prononce jamais le nom qui implique la division comme parti des défenseurs les plus fidèles du principe monarchique. On ne trouve point dans cette correspondance la dénomination de *légitimiste*.

Nous devons être royalistes avec le Roi, c'est-à-dire que nous devons, comme lui, répudier les passions étroites et les rancunes d'un parti, qui ne saurait pas oublier et pardonner; nous devons, comme lui, chacun dans le cercle de nos relations et de notre influence, faire appel à l'union de tous pour le bien de tous, afin de rendre à la patrie sa force et sa grandeur dans son unité.

Royalistes, nous affirmons le droit monarchique traditionnel, qui est, avant tout, un droit national, un bienfait pour tous; légitimistes ou orléanistes, nous perpétuons les malheureuses divisions qui ont ruiné la France.

Hors du principe monarchique, nous ne trouvons, en effet, que l'affirmation radicale d'un prétendu droit du peuple au perpétuel changement de toute autorité. C'est sur cette base ruineuse que les Bonaparte ont prétendu fonder le droit contradictoire d'une perpétuité dynastique. Cette monarchie élective et viagère, condamnée aux aventures. malgré la puissance et l'éclat du génie de son fondateur, n'a pu assurer une seule fois la transmission héréditaire du pouvoir souverain. — Comment la forme républicaine elle-même pourrait-elle subsister avec le droit perpétuel attribué au peuple de faire et de défaire, selon le caprice de chaque élection et l'habileté des intrigues du jour, tous les pouvoirs sociaux? Aucune nation ne peut vivre sans se lier elle-même vis-à-vis d'un droit et d'une autorité reconnus qui imposent l'obéissance.

Et n'est-ce pas le plus haut et le plus intelligent exercice de la liberté de l'homme que ce pouvoir de se lier au devoir de l'obéissance et du respect devant la loi supérieure de la stabilité de la Constitution nationale, principe nécessaire de la force et de la grandeur de la patrie?

Les générations ne sont pas isolées et indépendantes dans la vie d'un peuple, elles sont unies par une communauté de droits et de devoirs qui se perpétuent et qui empruntent une autorité plus haute et une force plus grande à la durée de la tradition nationale. Quand on parle avec intelligence de la volonté nationale, de la souveraineté qui réside en toute société d'hommes, il faut l'envisager, non dans la mobilité de l'heure présente, mais dans toute une évolution sociale qui embrasse le cours des générations et la vie séculaire d'un grand peuple. C'est ainsi que le droit monarchique se présente à la France, et dans tous les pays de l'Europe nous le voyons étroitement lié à la durée de la vie des peuples, à la tradition continue de leurs droits et de leurs devoirs.

A chaque heure de sa vie, chaque individu est sans doute libre et maître de ses actions; mais est-ce à dire qu'il n'a pas le droit de se lier pour toute son existence par des contrats ou par des actes qui ont le caractère de créer, comme les contrats, un lien de droit? Le fils naît avec une liberté personnelle distincte de celle du père, et cette liberté est indépendante lorsqu'il arrive à la majorité; mais est-ce à dire qu'il ne soit pas lié même par les engagements contractés par ses pères, comme il reste armé des droits qu'il a recueillis dans leur patrimoine? Sans cela, l'existence éphémère de l'individu serait semblable à celle des sauvages isolés, barbares et impuissants. La civilisation, le bienfait des droits sociaux est de grandir l'homme, individu ou peuple, jusqu'à lui créer, même dans l'existence terrestre, une sorte d'immortalité par la perpétuité du droit et des devoirs héréditaires. Et ces actes, qui engagent l'avenir, qui nous donnent des droits, mais qui nous obligent à des devoirs, sont les plus grands, les plus nobles, les plus féconds entre tous les actes de la liberté : voilà ce que les théoriciens de la Révolution ont méconnu en proclamant cette prétendue souveraineté du peuple, sans respect et sans loi ni divine, ni humaine, qui peut à chaque instant détruire ce qu'elle a fait un instant auparavant, et recommencer chaque matin, comme le sauvage abruti et comme l'enfant sans raison, une œuvre qui n'aura pas la durée d'un jour, sans prévision de la veille et sans souci du lendemain.

Revenons donc résolûment au principe de la tradition nationale, expression de la vraie souveraineté, qui réside, en effet, en toute société perpétuée entre les hommes. Revenons au respect du droit, à la conscience du devoir. Comprenons tous que ce n'est pas l'intérêt d'un homme, fût-il l'héritier de vingt rois, ni l'intérêt d'un parti, fût-il le parti fidèle au droit au milieu de la désertion et de l'infidélité du grand nombre, mais l'intérêt même de la patrie, que nous devons reconnaître et servir.

Si nous voulons faire comprendre la force salutaire du principe royaliste, il faut avant tout savoir le faire aimer par l'esprit d'union et de charité dont une parole royale et une parole plus haute encore et plus sainte nous donnent le précepte et l'exemple.

II

L'Orléanisme.

Nous avons affirmé dans sa vérité et sa grandeur le principe royaliste de la tradition nationale; nous voulons juger avec la même impartialité, avec le même amour désintéressé de la patrie ce schisme monarchique qui a porté le nom d'orléanisme et qui, après avoir divisé les royalistes, a livré notre pays aux alternatives révolutionnaires d'une république imposée par l'émeute ou d'une dictature plébiscitaire dont l'origine même condamnait à l'impuissance les prétentions dynastiques.

Il n'y a, en réalité, que deux formes logiques du Pouvoir souverain : la Royauté, fondée sur un droit héréditaire, traditionnel et national confirmé par les générations successives, et la République, forme élective du Pouvoir, qui a aussi ses formes constitutionnelles, légitimes et traditionnelles chez certains peuples, comme la Suisse ou les États-Unis.

Une Constitution, un droit national ne

s'improvise pas. Un Pouvoir qui sort subitement d'une émeute, de la surprise d'un vote populaire ou de formules élaborées par une majorité parlementaire, n'a pas les conditions de vitalité et de légitimité qui s'imposent au respect des générations et qui élèvent l'autorité souveraine au-dessus des discussions et des compétitions des partis.

La république n'a jamais eu en France qu'une origine violente, une durée éphémère, agitée, ensanglantée par des luttes civiles dont les républicains ont toujours pris la criminelle initiative. Jamais la république n'a été acceptée par la France; l'orléanisme et le bonapartisme ont été ses héritiers; héritiers impuissants qui ne pouvaient transmettre l'héritage usurpé de la royauté, parce qu'ils portaient le vice révolutionnaire de leur origine, la violation du principe traditionnel de la monarchie.

Le bonapartisme n'est qu'une résurrection du césarisme païen, l'incarnation dans un homme, que l'audace unie au génie ou à l'esprit d'intrigue élève au Pouvoir, de tous les droits du peuple. C'est la dictature sans loi et sans frein. Elle n'a pour limites que celles de sa force, de sa modération hypocrite, de la docilité de la nation. Son sort, son avenir sont liés à sa fortune. C'est le Pouvoir personnel avec ses excès, ses audaces, ses surprises et sa fragilité. Nous avons fait deux fois cette expérience depuis le commencement du siècle, et l'éclat illusoire, le prestige de la toute-puissance ont bientôt fait place à la cruelle réalité de la ruine sanglante, du déchirement et de l'humiliation de la patrie. Nous voulons espérer, pour l'honneur de notre pays, qu'il ne subira pas la honte d'une nouvelle épreuve; nous sommes aujourd'hui descendus si bas que nous ne pourrions nous relever d'une nouvelle chute : il y va du salut de la France.

L'orléanisme, plus rapproché de la vraie royauté, est moins radical dans ses procédés, moins audacieux dans son usurpation du Pouvoir; mais il est par cela même plus dangereux : c'est un schisme monarchique qui peut faire illusion à des esprits modérés, amis de la liberté et de l'ordre, plus préoccupés des intérêts qu'ils veulent conserver, des idées mobiles et des faits du jour, que de la vérité du droit et de la force immobile et supérieure des principes.

L'orléanisme, royal encore par le sang, viole dans sa source l'autorité royale, détruit lui-même l'hérédité lorsqu'il est l'héritier. Pour précipiter un règne d'un jour, il porte une atteinte mortelle à l'hérédité. Et ce n'est pas seulement la stabilité de l'autorité qui est ébranlée par ce schisme, ce sont les garanties de toutes les libertés sociales qui sont compromises. Affaibli par le vice de son origine, l'orléanisme est impuissant à créer un vrai roi; il est impuissant à accepter cette plénitude de la vraie liberté qui est le programme du Roi. Les libertés locales, la pratique loyale du gouvernement représentatif, la participation effective de tous les citoyens à la gestion des affaires publiques par l'exercice régulier et honnête du suffrage universel, répugnent à l'orléanisme. Il cherche à en conserver les apparences, il n'est pas assez fort pour en accepter, pour en pratiquer la réalité. N'a-t-il pas contre lui, et les républicains, avec leur thèse absolue de la souveraineté du peuple, qui repousse toute forme monarchique; et les bonapartistes, qui ont la prétention d'admettre d'une manière aussi absolue en théorie la souveraineté du peuple, pour la coufisquer en fait avec toutes les habiletés de la fraude et du mensonge au profit d'un César; et les royalistes, fidèles à la vraie et unique monarchie, dépositaires de la tradition nationale, réduits par le schisme orléaniste à prendre un nom qui implique leur division par leur fidélité même au droit. Ils sont restés royalistes avec la France, qui veut la monarchie héréditaire et qui l'impose même à ceux qui l'ont trompée et surprise par la violation du droit; et pour se distinguer, pour marquer dans sa vérité permanente la stabilité du droit royal, ils s'appellent légitimistes.

Qui pourrait méconnaître aujourd'hui la nécessité de rétablir l'union de tous les partis de la France monarchique, en présence de l'organisation menaçante des républicains radicaux et des conspirations bonapartistes? L'union ne s'établit d'une manière durable que par l'acceptation d'un principe, fondement du droit social. Ce principe, pour l'immense majorité des Français, c'est la forme royale, c'est-à-dire la forme héréditaire et traditionnelle du Pouvoir unie au respect de toutes les libertés et de tous les légitimes intérêts de la société contemporaine.

Ces légitimes intérêts, ces libertés, qui peut leur donner une plus loyale et plus sûre garantie que la royauté nationale de la Maison de France unie? Les Bonaparte, qui portent la honte et la responsabilité des malheurs de notre patrie, n'ont même plus les éléments d'une hérédité dynastique : un vieillard avili, corrompu et corrupteur, méprisé de l'Europe; un enfant chétif; un prince sans principes et sans foi, digne gendre du spoliateur du Pape, qui n'a jamais paru devant l'ennemi, ni en Crimée, ni en Italie, ni dans les suprêmes désastres de la France amenés par la politique insensée qu'il préconisait dans ses discours, à Ajaccio et au Sénat.

Le salut de la France, nous devons le dire, est aujourd'hui aux mains des princes d'Orléans, s'ils comprennent et s'ils remplissent loyalement leur devoir. Oubliant avec une générosité royale l'usurpation de 1830 et les injures personnelles qui avaient atteint le plus profondément son cœur, le Roi a fait appel à l'union de la Maison dont il est le Chef respecté de toute l'Europe. Les royalistes fidèles au roi exilé ont ouvert généreusement aux princes d'Orléans les portes de la France et celles de l'Assemblée nationale. Pourquoi l'union n'est-elle pas faite? Pourquoi les organes les plus indulgents de l'opinion royaliste sont-ils obligés de reconnaitre aujourd'hui, comme la *Gazette de France*, qu'il faut agir sur les représentants et sur l'opinion monarchique pour rappeler les princes à ce devoir d'union, que commande si hautement le patriotisme?

Cette modération, cet esprit de conciliation vis-à-vis des personnes, dont nous nous ferons toujours une loi, ne doit pas être un affaiblissement dans l'affirmation du principe royaliste. Le salut de la France est dans l'intégrité de ce principe, dans l'union qui doit y rallier tous les hommes honnêtes, tous les vrais patriotes. Ce n'est point une question de personnes, c'est une question de droit, de droit national.

Le comte de Chambord a noblement dit : « Je ne suis point un prétendant, je suis un principe. » Tout ce qui est personnel est éphémère; ce qui importe dans la vie d'un grand peuple, c'est ce qui dure, LE DROIT.

Il n'y a pas d'atteinte plus mortelle au droit royal que l'orléanisme, puisqu'il n'existe que par la révolte de l'héritier lui-même contre le droit héréditaire. C'est une abdication du droit, pour obtenir un règne de fait pendant quelques jours agités et peut-être sanglants; c'est l'appel inévitable aux luttes intestines, qui aboutissent aux émeutes de février, de juin, à la Commune, au 18 brumaire, et au 2 décembre. Et cette histoire est si récente, et ses leçons seraient déjà oubliées!

Nous ne pouvons le croire. L'orléanisme est mort en 1848; ses partisans se firent bonapartistes ou républicains. Les princes d'Orléans ont trop de patriotisme pour le réveiller aujourd'hui, et ils auraient sans doute conscience de leur impuissance à le faire accepter jamais par la France, car la république et la monarchie renient également le schisme monarchique.

Quels obstacles peuvent-ils donc opposer à l'union définitive et incontestablement prépondérante de toutes les forces royalistes réconciliées? Les intérêts, les droits, les justes libertés qui honorent la société contemporaine ; mais qui les affirme avec une parole plus haute, plus ferme, plus conciliante et plus loyale que le Roi? Toute sa correspondance politique, depuis vingt ans, toutes ses paroles publiques, tous ses Manifestes en font foi.

Gambetta a dit que le suffrage universel avait pour forme logique la république radicale. Napoléon a montré pendant vingt ans qu'on pouvait escamoter toutes les libertés publiques et faire du suffrage universel le plus puissant instrument de règne. Le césarisme païen l'avait déjà prouvé. Le comte de Chambord, revenant à la grande tradition nationale, au mouvement légitime de réforme de la fin du dernier siècle, a dit : « Je suis la réforme. » Il a posé le principe du suffrage universel loyalement, honnêtement pratiqué, comme un des fondements du droit national ; et par cette participation de tous au gouvernement représentatif, par la liberté des associations, par la vraie décentralisation des pouvoirs locaux, il réalise pleinement l'idéal du gouvernement du pays par l'élite élue de tous les citoyens, cet idéal que la république promet vainement et auquel elle a toujours donné le plus audacieux démenti par tous les procédés de ses règnes éphémères.

Les princes d'Orléans repousseraient-ils l'union uniquement, — car c'est le seul motif qu'on ait pu invoquer, — repousseraient-ils l'union qui sauverait la France, parce qu'ils ne veulent pas se rallier au drapeau glorieux de nos pères, au drapeau de leur Maison? Le drapeau royal et national ne peut être l'emblème d'un ancien régime justement condamné par le Roi lui-même; il n'a aujourd'hui dans la main du comte de Chambord qu'une signification : la grandeur de la patrie, que l'étranger n'aurait ni envahie, ni démembrée sous nos rois; l'union du droit traditionnel de la Royauté aux libertés et aux droits de la société contemporaine. C'est le drapeau de la réforme et de l'intégrité nationale opposé aux souvenirs de la Révolution et de l'invasion.

Le jour où la Maison de France se présenterait au pays dans la majesté et la puissance de son union, la France, reconnaissant la première et la plus illustre famille née de son sein, repousserait-elle la sécurité, la liberté et le salut, parce qu'elle verrait flotter sur la tête du Roi le panache blanc d'Henri IV et le drapeau qui a conquis l'Alsace et Alger?

Tous les drapeaux de l'armée sont aux mains de l'ennemi; il y a quelque chose de grand à reprendre fièrement l'étendard de la France de Louis XIV et de Henri IV. Le comte de Chambord a dit qu'il n'était étranger à aucune de nos gloires contemporaines; ses plus fidèles amis ont combattu sous les plis du drapeau tricolore, ils ont versé leur sang pour l'arracher à l'ennemi. Lorsque la France, relevée et grandie par la liberté et par la paix, aura repris sous la royauté nationale ses forces et son rang, le jour viendra sans doute où le drapeau blanc vainqueur ira revendiquer les drapeaux tricolores dans les capitales de l'Allemagne.